maitena

MUJERES ALTERADAS 1

Sudamericana - Lumen

A mis hijos Amaya y Juan, mis primeros lectores.

A Daniel Divinsky, mi primer editor.

Y a Carlitos, mi único mecenas.

La mejor definición que se me ocurre para Maitena es que no tiene pelos en el plumín. Nada de personajes "reflexivos" ni firuletes inútiles. Espontánea y directa, Maitena no pretende ser un "espejo que refleja la realidad". Por el contrario: ella agarra la realidad, con espejo y todo, y nos la tira por la cabeza. Esto no sólo es originalísimo sino también muy saluda-ble dentro del panorama argentino.

ALTERACIONES PROPIAS DE SU SEXO

Seis cosas típicamente femeninas

Algunos de los prejuicios más comunes respecto de las mujeres

Seis de las cosas que hacen sentir mal a una mujer

Las seis únicas cosas que las mujeres envidiamos de los hombres

Las cosas de las que te das cuenta con los primeros calores

Lo lindo de las vacaciones es descansar

Qué esperamos encontrar las mujeres al llegar a la playa

Algunas de las paranoias más frecuentes de las mujeres

Los seis dolores que suelen aquejar a una mujer

Las ocho típicas cosas que se hacen al estar deprimida...

Seis de las mil cosas difíciles de explicar...

Seis momentos difíciles en la vida de una mujer

Las frases terminales más eternamente repetidas

La vida de una mujer está llena de dudas...

Las cosas que tenemos que manejar las mujeres para demostrar que no somos estúpidas, a través del tiempo...

ALTERACIONES
FÍSICAS
Y OTROS DERIVADOS DE LA MODA

¡Las mujeres son tan hermosas...!

Las seis injusticias más machistas del culto a la belleza

De la menstruación nadie habla...
¡pero todas lo piensan!

Seis horribles momentos en la vida de cualquier mujer

¡Qué linda viene la moda para esta temporada!

¡Se viene la moda ilógica y ecológica!

Algunas buenas razones para empezar el régimen

De la vida y una de sus más frecuentes injusticias

¿Desfile de Carnaval? ¡No!
¡Moda Otoño Invierno Top!

¡Cómo estar a la última moda con lo que hay en casa!

Las diferencias estéticas más comunes, entre los hombres y mujeres más comunes

UNA COSTUMBRE INALTERABLE, LA PAREJA

Seis típicas razones por las cuales una mujer se casa con un hombre

Los seis peores defectos de un hombre para una mujer

Seis típicas maneras de tratar al marido

Seis cosas que generalmente odian los hombres

Algunas cosas de las que "Él" no se enterará nunca...

Esas cosas que solamente podemos decir nosotras (porque si las dicen "Ellos" se arma un escándalo)

Seis típicas maneras de desvalorizar al otro

Las seis personas cercanas a Ella por las que Él se siente más amenazado...

Esos detalles de los hombres
que los hacen tan inconvivibles

El amor se terminó cuando...

Los seis clásicos primeros pasos
de una recién separada

Seis buenas razones que tiene una mujer para querer ver al Ex

Algunas razones por las que cada vez se casa menos gente

Cuatro buenas razones para no casarse nunca

¿Cuánto dura el amor? Según pasan los años...

UNA **ALTERACIÓN CONSTANTE,**
LA FAMILIA

Los seis típicos miedos de la embarazada

Seis típicos tópicos de ser madre de un bebé pequeño

Las cosas que nos van pidiendo los hijos a través de su vida

Las típicas desubicaciones de los que no tienen niños...

¡Qué suerte que empiezan las clases...!

Dime qué pierdes... y te diré quién eres...

Algunas delicias de la relación padre-hija

Los seis momentos más inolvidables de las vacaciones...

Seis claves infalibles para saber si su hija adolescente es normal

Seis claves infalibles para saber si su hijo adolescente es normal

A qué hora puede volver la nena, según pasan los años

El niño, su madre y la paliza, según pasan los años

Los seis tipos de suegras más comunes

Y ALGUNOS OTROS MOTIVOS PARA

ALTERARSE

UN POCO

Algunas de las típicas delicias de no saber bien adónde vas...

Seis infalibles maneras de combatir
el frío nocturno...

Seis buenos motivos para no pegar un ojo en toda la noche

Los seis riesgos más comunes de "La fiesta de cumpleaños"

¡Qué lindo es hacer arreglos en la casa!

Las cosas de la casa que siempre se descomponen juntas

Los peores enemigos de las vacaciones

¡Qué lindo es comprar regalos para las fiestas...!

Los típicos comentarios de la noche de Año Nuevo

Temas de conversación característicos entre quienes no tienen nada que decirse

La valoración familiar del "candidato", según pasan los años

El "¿qué querés ser cuando seas grande?", según pasan los años

Seis enemigos de la alegre cocinera

¿Qué miran los hombres y qué las mujeres en un restaurante?

05 ALTERACIONES PROPIAS DE SU SEXO

06 Seis cosas típicamente femeninas

07 Algunos de los prejuicios más comunes respecto de las mujeres

08 Seis de las cosas que hacen sentir mal a una mujer

09 Las seis únicas cosas que las mujeres envidiamos de los hombres

10 Las cosas de las que te das cuenta con los primeros calores

11 Lo lindo de las vacaciones es descansar

12 Qué esperamos encontrar las mujeres al llegar a la playa

13 Algunas de las paranoias más frecuentes de las mujeres

14 Los seis dolores que suelen aquejar a una mujer

15 Las ocho típicas cosas que se hacen al estar deprimida

16 Seis de las mil cosas difíciles de explicar...

17 Seis momentos difíciles en la vida de una mujer

18 Las frases terminales más eternamente repetidas

19 La vida de una mujer está llena de dudas...

20 Las cosas que tenemos que manejar las mujeres para demostrar que no somos estúpidas, a través del tiempo

21 ALTERACIONES FÍSICAS Y OTROS DERIVADOS DE LA MODA

22 ¡Las mujeres son tan hermosas...!

23 Las seis injusticias más machistas del culto a la belleza

24 De la menstruación nadie habla... ¡pero todas lo piensan!

25 Seis horribles momentos en la vida de cualquier mujer

26 ¡Qué linda viene la moda para esta temporada!

27 ¡Se viene la moda ilógica y ecológica!

28 Algunas buenas razones para empezar el régimen

29 De la vida y una de sus más frecuentes injusticias

30 ¿Desfile de Carnaval? ¡No! ¡Moda otoño invierno top!

31 ¡Cómo estar a la última moda con lo que hay en casa!

32 Las diferencias estéticas más comunes, entre los hombres y mujeres más comunes

33 UNA COSTUMBRE INALTERABLE, LA PAREJA

34 Seis típicas razones por las que una mujer se casa con un hombre

35 Los seis peores defectos de un hombre para una mujer

36 Seis típicas maneras de tratar al marido

37 Seis cosas que generalmente odian los hombres

38 Algunas cosas de las que "Él" no se enterará nunca

39 Esas cosas que solamente podemos decir nosotras (porque si las dicen "Ellos" se arma en escándalo)

40 Seis típicas maneras de desvalorizar al otro

41 Las seis personas cercanas a Ella por las que Él se siente más amenazado...

42 Esos detalles de los hombres que los hacen tan inconvivibles

43 El amor se terminó cuando...

44 Los seis clásicos primeros pasos de una recién separada

45 Seis buenas razones que tiene una mujer para querer ver al Ex.

46 Algunas razones por las que cada vez se casa menos gente

47 Cuatro buenas razones para no casarse nunca

48 ¿Cuánto dura el amor? Según pasan los años

49 UNA ALTERACIÓN CONSTANTE, LA FAMILIA

50 Los seis típicos miedos de la embarazada

51 Seis típicos tópicos de ser madre de un bebé pequeño

52 Las cosas que nos van pidiendo los hijos a través de su vida

53 Las típicas desubicaciones de los que no tienen niños...

54 ¡Qué suerte que empiezan las clases...!

55 Dime qué pierdes... y te diré quién eres...

56 Algunas delicias de la relación padre-hija

57 Los seis momentos más inolvidables de las vacaciones...

58 Seis claves infalibles para saber si su hija adolescente es normal

59 Seis claves infalibles para saber si su hijo adolescente es normal

60 A qué hora puede volver la nena, según pasan los años

61 El niño, su madre y la paliza, según pasan los años

62 Los seis tipos de suegras más comunes

63 Y ALGUNOS OTROS MOTIVOS PARA ALTERARSE UN POCO

64 Algunas de las típicas delicias de no saber bien adónde vas...

65 Seis infalibles maneras de combatir el frío nocturno...

66 Seis buenos motivos para no pegar un ojo en toda la noche

67 Los seis riesgos más comunes de "la fiesta de cumpleaños"

68 ¡Qué lindo es hacer arreglos en la casa!

69 Las cosas de la casa que siempre se descomponen juntas

70 Los peores enemigos de las vacaciones

71 ¡Qué lindo es comprar regalos para las fiestas...!

72 Los típicos comentarios de la noche de Año Nuevo

73 Temas de conversación característicos entre quienes no tienen nada que decirse

74 La valoración familiar del "candidato", según pasan los años

75 El "¿qué querés ser cuando seas grande?", según pasan los años.

76 Seis enemigos de la alegre cocinera

77 ¿Qué miran los hombres y qué las mujeres en un restaurante?

Burundarena, Maitena
   Mujeres alteradas 1. - 4ª. ed. - Buenos Aires : Sudamericana, 2004.
   80 p. ; 23x16 cm.

   ISBN 950-07-2354-9

   1. Humor Gráfico Argentino I. Título
   CDD A867

Primera edición en este formato: abril de 2003
Cuarta edición en este formato: mayo de 2004

Impreso en la Argentina
Queda hecho el depósito que previene la ley 11.723.
© 2001, Maitena
© 2003, Editorial Lumen S.A.
Edición autorizada para la Argentina:
Editorial Sudamericana
Humberto I 531, Buenos Aires.
www.edsudamericana.com.ar

ISBN 950-07-2354-9

Esta edición de 5.000 ejemplares se terminó de imprimir en
Indugraf S.A., Sánchez de Loria 2251, Buenos Aires,
en el mes de mayo de 2004.
www.indugraf.com.ar